Günter Streich

Zuckerklümkes mit Haferflocken

Wartberg Verlag

Bildnachweis:

Stadtbildstelle Essen: Titel vorn (Kettwiger Straße, 50er Jahre), S. 4, 6, 18, 19, 30, 46, 58, 59, 70, 76, 78, Titel hinten (Viehofer Platz, 50er Jahre).
Ruhrlandmuseum Archiv Ernst Schmidt: S. 31, 42, 67.
Sammlung Hugo Rieth: S. 26, 28.
Geschichtskreis Stoppenberg: S. 23, 25.
Werner Schnepp: S. 48.
Günter Streich: S. 10, 14, 20, 33, 38, 54, 56, 62, 65, 74, 75.

1. Auflage 2004

Satz und Layout: Grafik & Design Ulrich Weiß, Gudensberg
Druck: Druckerei & Verlag Steinmeier, Nördlingen
Buchbinderische Verarbeitung:
Buchbinderei Büge, Celle

34281 Gudensberg-Gleichen, Im Wiesental 1
Telefon (0 56 03) 9 30 50
www.wartberg-verlag.de
ISBN 3-8313-1427-6

Inhaltsverzeichnis

Vorwort

Es waren diese Jahre nach 1945, die besonders tief im Bewusstsein haften blieben. Das berichten viele, die mich auf das Büchlein „Also, um acht am Colosseum“ ansprachen. Weil die Kriegs- und Nachkriegsjahre mit all ihren Sorgen und Schrecken so lange nachhallen, sei es einfach wunderbar, die fast verlorenen Bilder früher Jugendjahre aufzufrischen. Und weil sie sich selbst wiedererkannten, regten Leser an, noch mehr solcher Geschichten aus den 20er und 30er Jahren auszugraben – aber auch an die Nachkriegszeit zu erinnern, als sich das Leben aus Ruinen einen Weg in eine bessere Zukunft bahnte.

Das große Echo auf die kleinen Essener Geschichten wurde so zum Auftrag: Weitererzählen, die Erinnerung an frühe Jahre wach halten, die Gegenwartsangst zwischen 1939 und 1945 skizzieren, den Aufbauwillen beschreiben.

Alsdann: Blick zurück auf die erste Hälfte des vorigen Jahrhunderts, vornehmlich optimistisch! Mein Dank gilt allen, die mir ihre Erlebnisse erzählten; er gilt besonders Ernst Schmidt, der mit Dokumenten und Berichten half, ernste und heitere Begebenheiten wahrheitsgetreu nachzuzeichnen.

Günter Streich

Ein Achtel ungebrannter Bohnenkaffee

Drei Tage und vier Nächte war der Zug von Landeck unterwegs, 44 halbverrottete Güterwaggons. Zum Frachtgut zählten mehr als 3000 Jungen zwischen 12 und 18, Lehrer sowie Schulmaterial. Endstation war der Essener Hauptbahnhof, das Abstellgleis über der Brücke Bismarckstraße. Es war Samstag, der 20. Oktober 1945, nachts. Die Kinderlandverschickung (Evakuierung der Kinder aus der bombenbedrohten Heimat) hatte ein Ende.

Zwei Jungen machten sich am anderen Morgen auf den Weg, quer über die Gleise zum Bahnsteig 4 West. Da stand der „Zug“ nach Borbeck: eine kleine Baulok, ein Personen- und ein Güterwagen. Am zerbombten Bahnhof Borbeck schippte ein „alter Bekannter“ Schutt weg: der ehemalige Rektor der Schule an der Bergmühle. Er trug noch den braunen SA-Mantel, den die Schüler aus dem Religionsunterricht kannten... Schutt schippen musste jeder, aber „Nazis schaufeln länger“, besagte eine Anordnung der Militärregierung, die der von ihnen ernannte erste Rat der Stadt Essen später bekräftigte.

Die beiden Jungen trugen auch Braunhemden – als Rucksäcke. Die hatte eine Kriegerwitwe in Galtür daraus genäht und als Lohn abgewetzte Jungenunterwäsche für ihre sechs Kinder bekommen. Die Rucksäcke enthielten diese „Eiserne Ration“: eine kleine Dose gezuckerte Kondensmilch, ein Viertel „gute Butter“, eine Stange Weißbrot, an der Sonne getrocknete, im selbst genähten Taschentuch-Beutel aufbewahrte Brotwürfel – und ein Achtel ungebrannten Bohnenkaffee. Brot und Butter hatten französische Soldaten den Jungs irgendwo unterwegs spendiert; Milch und Kaffee waren auf der Lebensmittelkarte aufgerufen worden, die die „unerwünschten Ausländer“ nach Einzug marokkanischer Bergtruppen ins Paznauntal im

Vor den zerstörten Häusern Ecke Leimgardtsfeld/Herderstraße befand sich ein Bombenkrater.

freien Österreich im Februar 1945 erhielten. Genauso wie die „Carte d'identité", den knallroten Ausweis mit Daumenabdruck.

Nun waren die Jungen also wieder in Essen, nach zwei Jahren. Der Weg vom Bahnhof durch die Trümmerlandschaft weckte Erinnerungen: Hier war mal der kleine Gemüseladen, da das Eckhaus an der Haltestelle der Straßenbahn. Die Wirtschaft, in der die Kinder an Wochenenden schon mal für Papa am Schalter den Glassyphon mit einem Liter Bier füllen ließen, war zerstört. Der Spielplatz: verwüstet; die kleinen Häuser daneben: Ruinen. Da kam die bange Frage auf: Wie sieht es wohl zu Hause aus?

Im Leimgardtsfeld stand nur noch das halbe Haus, die andere Hälfte war ausgebrannt. Vor dem Haus ein riesiger Bombentrichter. Die Eltern des einen Jungen hatten Glück gehabt: Ihre Dreizimmerwohnung war noch bewohnbar – und das nutzten insgesamt vierzehn Familienmitglieder.

Opa lag im Fenster, öffnete die Tür, verriet aber die Überraschung nicht, dass der Jüngste der Familie als Letzter endlich auch zu Hause war. Und dann ... aber das kann sich jeder selbst ausmalen.

Kaum nachzuvollziehen dagegen ist das schiere Staunen, als der Junge seinen Schatz auspackte: ein Achtel weiße Kaffeebohnen! Minuten später zog köstlicher Duft durch die überfüllte Wohnküche. Es gab richtigen Kaffee, in der gusseisernen Bratpfanne geröstet, in der alten Porzellanmühle an der Wand von Hand gemahlen, in der Kanne aufgebrüht, mit Andacht geschlürft. Das war doch ganz was anderes als der Muckefuck, der Kaffee-Ersatz aus Malz, Zichorie oder gar gerösteten Eicheln. Es schmeckt nach Friedenszeit, sagte Mutter. Sogar das Maisbrot mit der guten Butter.

Der Oppa war Kaninchenexperte

Längs der Mauer, die das Schienenlager der Straßenbahn vom Wohnblock trennte, standen die selbst gebauten Karnickelställe, mehrere Etagen hoch. Kaninchen aller Rassen versuchten sich mit dem kargen Grün satt zu futtern, das ihre „Herren" nach langen Mühen irgendwo an Trümmerrand und Bahndamm fanden. Alles abgegrast. Selbst die Fahrt mit dem Fahrrad Marke Eigenbau zum Kanal brachte selten genug gute Ernte.

Irgendwie wurden die Schlappohren dann doch fett genug, um ihren Lebenszweck zu erfüllen. Kein Besitzer konnte natürlich seinem „Hansi" die Handkante selbst ins Genick schlagen – das besorgte meistens der Oppa von Horst. Er war der Kaninchenexperte, konnte Männchen von Weibchen unterscheiden und kannte auch jemanden, der wusste, wo ein erfolgreicher Rammler für Nachwuchs im Stall sorgte. Also nix wie hin mit der Häsin.

Ein paar Wochen später lagen dann diese blinden Winzlinge auf dem getrockneten Laub (Stroh gab's ja nirgendwo) und warteten auf liebevolle Pflege, damit sie eines Tages auch dem Oppa übergeben werden konnten.

Liebe kleine Schaffnerin ...

Artilleriebeschuss hatte sie endgültig gestoppt. Vor dem zertrümmerten Hauptbahnhof standen im Mai 1945 die Straßenbahnwagen, nicht mehr fahrtüchtig und fensterlos. Die Passagiere waren, wie gewohnt bei Alarm, im Nu aus den Bahnen ins Freie geflüchtet und zum nahen Tiefbunker an der Freiheit gerannt.

In den notdürftig geflickten Wagen – Pappe und Sperrholz statt Fensterglas – hatten, wie schon im Ersten Weltkrieg, die Frauen das Sagen: Fahrerinnen und Schaffnerinnen in langen, dunkelblauen Mänteln mit großen silberglänzenden Knöpfen, einen Kapotthut auf dem Kopf, unterm Arm die Mappe mit den Fahrscheinen, vor dem Bauch die Geldtasche mit den vier Wechselsäulen fürs Hartgeld sowie eine Knipszange zum Lochen der Fahrscheine.

Man(n) besang sie, die „liebe kleine Schaffnerin, du, du, du ...“ Der Refrain: „Und dann küsse ich sehr galant deine berückende, kleine entzückende Fahrkarten zwickende Hand.“ Na ja, heute sind die Schlagertexte ja auch nicht berauschend. Dafür aber in Englisch.

Am 9. April 1945 rückten die Alliierten in Essen ein. 92 Prozent der Straßenbahnwagen und Omnibusse waren zerstört, die Oberleitungen zerrissen. Strom gab es nur selten. Kleine Dampfloks zogen die provisorisch reparierten Wagen über die Gleise. „Feuriger Elias“ tauften sie die Essener. Eine Streckenlänge von 1,5 Kilometer war noch in Betrieb – einst waren es 111,5 Kilometer. Immerhin: Die Bahn fuhr bald wieder; die Omnibusse nicht, es gab weder Reifen noch Sprit.

Natürlich waren die Bahnen ständig überfüllt. Nach dem heute bekannten Motto „Einer geht noch rein“ quetschten sich die Essener irgendwie ins Innere oder sie hingen auf den Trittbrettern, klammerten sich an Türgriffen fest, wurden von irgendjemand im Wagen gehalten. Die ganz Mutigen standen hinten auf den Puffern und Kupplungen der Bahn, hielten sich an den scheibenlosen Fens-

Schaffnerinnen auf dem Weg zum Dienst.

tersprossen fest. Auch die „liebe kleine Schaffnerin" drückte ein Auge zu – kassieren konnte sie sowieso nicht in dem Gedränge. Und näherte sie sich doch mal den Trittbrettfahrern, sprangen die eben ab, in „voller Fahrt".

Die Wagen der Straßenbahn dienten auch zum Schutträumen. Vom Fängershof aus wurde eigens ein Gleis zum Flughafen Essen-Mülheim gelegt; dort war Platz genug für die Trümmer. Als Essen schuttfrei war, riss man diese Gleise ab. In der Chronik der Essener Straßenbahn ist nachzulesen, dass insgesamt 3800 Tonnen Schutt befördert worden waren.

Früh auf Trab

Raus nachts um drei, die von den Engländern erstandene warme schwarze Kluft übergezogen und los. Ab 7 Uhr sollte es Fleisch geben, ohne Lebensmittelkarte! Die Flüsterpropaganda hatte schnell die Runde gemacht. Nach einer knappen Stunde Fußmarsch hieß es dann hinten anstellen. Es hatte sich schon 'ne ganz schön lange Schlange vor der Toreinfahrt am Röntgenplatz gebildet.

Anstellen, das war Alltag. Aber sich plaudernd klammheimlich nach vorn mogeln – das bedurfte langer Übung. Angst vor Anmeckern durfte man sowieso nicht haben.

Es gab höchstens drei Pfund Fleisch pro Familie. Wie viel seid ihr? Ehrlich? Na dann ... Das wertvolle Gut wurde in Zeitungspapier gewickelt, ins Einkaufsnetz gepackt und dann ging es im Trab nach Hause.

Oma bereitete das dunkelrote Fleisch zu; es schmeckte absolut köstlich trotz der so gut wie nicht vorhandenen Gewürze. „In Friedenszeiten", sagte Oma, „da hätten wir's ja erst ein paar Tage in Essig mit Zwiebeln, Lorbeer und Pfefferkörnern eingelegt. Pferdefleisch schmeckt erst richtig als Sauerbraten." Pferdefleisch? Na und? Hauptsache, die Familie hatte was zwischen den Zähnen!

Eis-Maxe und der Muli-Tritt

Er hieß wirklich Max und mit Nachnamen irgendwie vornehm. Für die ganze Nachbarschaft aber war er nur der Eis-Maxe: Weiße Jacke, manchmal auch ein weißes Käppi auf dem schwatten Kopf, schob er seinen zweirädrigen Eiskarren zum Spielplatz Mellinghofer Straße, zum Bahnhof Altendorf, zu den Kirmesplätzen. Unter den beiden rundpyramidenförmigen, silberglänzenden Deckeln auf dem Wagen verbargen sich die kalten Köstlichkeiten.

Mindestens ebenso wichtig wie die preiswerte Leckerei waren Eis-Maxes Erzählungen. Wie er denn an den langen Schmiss gekommen sei, der ihm quer durchs Gesicht lief, von der Nasenwurzel bis zum Mundwinkel? Maxe: „Den hab' ich Muli Anna zu verdanken, das hat partout in der steinigen algerischen Wüste nicht weiterlaufen wollen und ich hab' geschoben und geschoben und da hat die Anna mal richtig ausgekeilt und schwupps ..." Ob die Geschichte stimmte? Oder war Max so was wie ein Studierter, mit Schmiss?

Ganz bestimmt wahr sei es, sagte Maxe, dass er als Koch auf einem Schiff anheuerte, weil der Käpt'n grade einen Smutje suchte und nicht wissen konnte, dass Maxe noch nie in seinem Leben am Herd gestanden hatte. Die Mannschaft soll's dann aber doch schnell gemerkt haben und der Kochlaie musste von Bord, in Algerien. Maxe schloss sich der Fremdenlegion an und durchstreifte Afrika. Mit Muli Anna, das merkwürdigerweise den gleichen Namen trug wie Maxes Frau. Die war froh, als er nach Jahren wieder zu Hause auftauchte.

Irgendwie noch besser als das Eis von Maxe schmeckte das von Hülseweh im Weidkamp. Die

Maxe mit seinem Eiskarren am Bahnhof Altendorf.

hatten da so eine rechteckige Form mit Stiel, legten eine Waffel rein, strichen bis zu drei Eissorten drauf, packten eine Waffel darüber, schoben den „Drücker“ durch den Stiel und schon kam das Fürst-Pückler-Eis made in Borbeck oben raus. Hmm! Aber Hülseweh hatte keine Geschichten aus Afrika zu bieten.

Zuckerklümkes mit Haferflocken

Die Klümkesbude an der Haltestelle war dicht, es gab ja nichts zu verkaufen. Das Schild obendrauf blieb die einzige Erinnerung an bessere Zeiten: „Dr. Hiller's Pfefferminz" war noch deutlich zu lesen, wenn auch durchlöchert von Bombensplittern.

Für Kinder aller Zeiten sind Leckereien nun mal lebenswichtig – und wenn man sich sie selbst herstellt. Kaum war Mutter aus dem Haus, stand die schwere Bratpfanne auf dem Kohleherd mit dem silberbronzenen langen Ofenrohr. Ein paar Löffel Zucker rein und schon beim Schmelzen der sich bräunlich färbenden Masse ließ der aufsteigende Duft das Wasser im Mund zusammenlaufen. Wenn der Zucker bei ständigem Rühren (damit ja nichts anbrannte und in der Pfanne verräterische Spuren hinterließ) karamellisierte, noch eine Hand voll Haferflocken rein – dann konnten die Klümkes Marke Eigenproduktion sich später im Mund länger halten. Vorher aber die Masse in kleine Stücke schneiden, erkalten lassen. Und die Pfanne säubern, damit Mutter nichts merkt.

Sie merkte es aber doch. Ein Rest süßer Duft blieb in der Wohnküche hängen, trotz weit geöffneter Fenster. Und was sagte Mutter? Nichts. Sie tat so, als hätte sie gar nichts gesehen und gerochen. Klümkes sagen die Essener, wenn sie Bonbons meinen; eigentlich heißt das ja Klümpchen, also kleine Klumpen. Aber Klümkes, dat versteht jeder.

Gegen Durst half ein Eigengebräu: klares Wasser aus dem Hahn ins Glas, ein Teelöffel voll Natron rein und eine Prise Zucker. Das schäumte und kribbelte und war richtig lecker. Fast so gut wie „Hustensaft“: ein Stückchen echte Lakritze, in einer mit Wasser gefüllten Flasche durch Schütteln zum Schäumen gebracht. Der abgezuzzelte braune Schaum – der schmeckte!

Er versüßte auch die Regenzeiten, wenn Spielplatz und Straße nicht zum Spiel einluden. Vom Fenster aus konnte man prima den Hofmusikanten zusehen und zuhören, die bei jedem Wetter ihre Tour machten. Mit Flöte, Geige, Akkordeon intonierten und sangen sie bekannte Schlager – „Was machst du mit dem Knie, lieber Hans?“– oder Moritaten wie „Mariechen saß weinend im Garten...“. Und wenn die Musikanten nach getaner Arbeit von Fenster zu Fenster schritten, den Blick hoffnungsvoll nach oben gerichtet, dann bettelten die Kinder: „Bitte, Mama, einen Sechser!“ Mutter spendierte; das Fünf-Pfennigstück, in ein Eckchen Zeitungspapier gewickelt, segelte durchs offene Fenster in fangbereite Hände oder Mützen. Die wandernden Musikanten bedankten sich höflich. Wenn die Pfennig-Ernte gut genug war, kamen sie wieder, mit neuen alten Liedern. Ganz bestimmt!

Arztpraxis unter Tage

In der Luftschutzrettungsstelle im Keller der Berliner Schule hielt der Doktor Sprechstunde. Einige Möbel und Geräte aus der Mülheimer Straße waren noch benutzbar. Die Praxis ohne Tageslicht und mit schlechter Belüftung war immer rappelvoll und so nebenbei besuchte Dr. Heinrich Grüning – per Fahrrad – bettlägerige Patienten. Die Diagnose, fast alltäglich: Unterernährung. Rezeptur: Atteste für zusätzliche Lebensmittelkarten.

1947 waren die Bombenschäden am Haus Mülheimer Straße beseitigt und Dr. Grüning verlegte die Praxis vom dunkelfeuchten Luftschutzkeller der Schule in seine Familienwohnung in der ersten Etage. Die „richtigen" Arzträume im Parterre nutzte eine Stehbierhalle.

So sah es aus in der Wohnungs-Praxis, die einst Eltern- und Gästeschlafzimmer beherbergt hatte: Schreibtisch, zwei Stühle, Untersuchungstisch, Gynäkologiestuhl, Schränkchen mit Instrumenten und Verbandszeug, Tischchen mit Mikroskop, Ständer mit Reagenzgläsern zur Zuckerbestimmung, Pipetten für Blutsenkungen, Ofen, Waschbecken. Im Wartezimmer waren längst nicht genug Sitzplätze für alle Patienten. Und dann musste die Arztfamilie auch immer wieder mal eben die Räume durchqueren; es gab keinen anderen Weg zu Bad und Toilette.

Die Patienten brachten „ihrem" Doktor Naturalien aus dem eigenen Garten mit, Gurken, Tomaten, Kartoffeln. Die „Frau Doktor", die Arztfrau also, konnte bestimmt was zu Futtern gebrauchen für sich und die fünf Kinder – und dann noch in der Praxis helfen, das heißt schon was! Frau Klara erledigte auch „das Schriftliche" für ihren Mann; eine Praxishelferin hatte es bei Dr. Grüning nie gegeben.

„Um wenigstens den Himmel zu sehen“

Da war was los am 11. Mai 1952! Pünktlich zur Tulpenblüte eröffnete die Gruga wieder. Das 1929 erschaffene Blumenparadies war neu erblüht – dort, wo während des Krieges Kartoffeln und Gemüse angebaut wurden. Das war lebensnotwendiger als bunte Blüten. Nebenan, auf dem Gelände, auf dem später Festwiese und Grugastadion entstanden (heute mit Wohnungen und Geschäftshäusern bebaut), trug ein Ballon Oberbürgermeister Hans Toussaint in den Himmel, damit er „seine“ Stadt mal von oben begutachten konnte.

Doch nicht alle Essener könnten an der Erholung im großen Park teilhaben, beklagte die Westdeutsche Allgemeine Zeitung. Auch mit dem neuen Familientarif wäre die Straßenbahnfahrt aus den östlichen und nördlichen Stadtteilen zur Gruga unerschwinglich. So bliebe denen nach wie vor nichts anderes übrig, als „vor ihren rauchgeschwärzten

Zur Gruga-Eröffnung 1952 stieg ein Ballon in die Höhe.

Häusern auf den Treppenstufen zu sitzen, um wenigstens den Himmel und das spärliche Grün zwischen Trümmern zu sehen“. Das Aufforstungs-Programm für diese Stadtteile, die „Grüne 14“, lief erst Jahre später an; 14 Grünzüge und Parks entstanden – und sogar noch ein paar mehr.

Schon vor der Eröffnung war die Gruga in aller Munde, nicht nur in Essen. Im September 1951 lockte das „Auto- und Motorradrennen um den Großen Grugapreis“ 100 000 Zuschauer auf die mit 1800 Zentnern Strohballen gesicherte, 4200 m lange Rundstrecke um den Park, der sich wieder in das „Blumenwunder an der Ruhr“ verwandelte. Die Rennmaschinen schafften immerhin bis zu 160 Stundenkilometer!

Ein Jahr zuvor hatten Radfahrer aus vielen Ländern um den Großen Grugapreis gekämpft. Sie strampelten von der Ruhr hoch über die Frankenstraße durch Rellinghausen und erreichten die Norbertstraße an der Gruga zum Endspurt, angefeuert von den Massen. Essen wollte seinen Bürgern wieder Normalität bieten.

Strohballen schützen die Zuschauer beim Großen Preis 1951.

Hier dürfen Familien Kaffee kochen

Die Straßenbahn-Linie 1 fuhr, von Gelsenkirchen-Horst kommend, durch Altenessen, über Viehofer Platz, Rathaus, Kettwiger Straße, Hauptbahnhof, Rüttenscheid, Bredeney. Der Bergmanns-Sohn war noch klein, als er zum ersten Mal die Erlebnisreise von Altenessen zum „vornehmen" Vorort Bredeney genoss, mit Eltern und Geschwistern. Am Viehofer, der sich später zu einem der verkehrsreichsten Plätze Deutschlands aufplusterte, befuhr die Elektrische noch Kurven und Hausdurchlässe, so am Allbauhaus, in dem unten das Wildwest-Kino Roxy Freunde der „Pferdeopern" anlockte.

Postkartengruß vom Luftkurhaus Ruhrstein. Rechts die Villa Hügel, dahinter die Ruhr.

Dann ging's schnurgerade weiter über die Rüttenscheider nach Bredeney hoch. Rechter Hand lag das Alfredusbad, um die Jahrhundertwende als Sanatorium und Kurhaus entstanden; bald aber blieb nur eine Gaststätte und, bis heute, die Haltestelle Alfredusbad. Im Sanatorium kostete der Tagesaufenthalt drei Mark für Hydrotherapie, Massage, finnische Heilgymnastik, Elektrotherapie und Genuss der heilkräftigen Quellen.

Länger hielt sich der „Ruhrstein" auf der anderen Seite, am Kruppwald, auf den Höhen der Ruhr mit schönem Blick auf den Fluss und den Krupp-Sitz Villa Hügel. Bauunternehmer Diehl und Baurat Philippi eröffneten den Luftkurort 1896 in einer großen Parkanlage, „aufs Comfortabelste ausgestattet", und bauten ringsum eine Villenkolonie. Weil sie es gut konnten mit der Stadtverwaltung (heute würde man wohl was von Vetternwirtschaft munkeln), war „Am Ruhrstein" Endhaltestelle der Linie 1; zum Rathaus Bredeney, wenige hundert Meter weiter, wurde die Straßenbahn erst später durchgebaut.

Am Ruhrstein – heute noch im Straßennamen erhalten – begann die Wanderung der Bergmannsfamilie aus Altenessen; alle paar Monate konnte man sich den Luxus eines solchen Ausflugs erlauben. Natürlich war nicht daran zu denken, im Ruhrstein einzukehren. Die Familie wanderte durch den Kruppwald in den Stadtwald zum „Waldhaus": Genau der richtige Treff für die, die auf den Pfennig gucken mussten. Ein Schild verkündete: Hier dürfen Familien Kaffee kochen. Den Malzkaffee brachten sie selbst mit, das heiße Wasser spendierte der Wirt. Bis der Kaffee fertig war, vergnügten sich die Kinder am Reitplatz. Wenigstens mal zusehen, wie die da auf Pferderücken ihre Bahnen zogen...

Im Waldhaus war später die Vogelwarte Essen-Altenhundem zu Hause, heute fühlen sich nach dem Umbau Kindergruppen wohl. Wo einst die Pferde trabten, umrunden jetzt täglich Jogger die Mondscheinwiese.

Mutter mit dem Schrebergarten auffem Kopp

Aus Norddeutschland kamen Tante und Onkel zu Besuch. Sie wollten unbedingt ein Etablissement sehen, das sich über Essen hinaus einen gewissen Ruf erworben hatte: die Gaststätte in der Straße Schwarze Meer, parallel zur Kettwiger zwischen den Dellbrüggen. Hier residierte „Onkel Heinrich", ein Wirt der etwas vierschrötigen Art, der seine Gäste auf die Schüppe nahm, also veräppelte.

Mutter hatte sich schick gemacht und trug einen breitrandigen Hut mit Obst- und Gemüse-Dekoration; das war „in" zu jener Zeit. Sie betrat als erste die Gaststätte und wurde prompt von Onkel Heinrich angemacht: „Ach du lieber Gott! Nun kiek dir die Olle an! Die trägt ja 'nen ganzen Schrebergarten auffem Kopp!" Onkel Heinrich war sich des Gelächters sicher, aber Mutter wäre vor Scham am liebsten im Boden versunken. Doch die Familie blieb und lachte schließlich selbst – auf Kosten anderer Gäste. Das war nun mal so üblich bei Onkel Heinrich, der gelegentlich sogar seinen Knüppel schwang und Gäste nachdrücklich hinauskomplimentierte: „Habt lange genug gesessen! Draußen warten zig andere, die wollen auch mal rein!"

Der Krieg zerstörte das Lokal. Onkel Heinrich wagte an der Viehofer Straße einen Neuanfang. Doch die alte Stimmung wollte sich irgendwie nicht so richtig einstellen.

Stoppenberg ganz auf der Höhe

Was soll nur aus den Trümmern werden: Wegräumen oder wieder aufbauen? Das Schicksal des Hallo-Turms wurde nach dem Krieg lange diskutiert. So lange, bis auch von den Trümmern fast nichts mehr zu sehen war und sich die Frage nach einem Wiederaufbau des ehe-

Postkarte des Kaiser-Wilhelm-Turms „auf dem Hallo in Stoppenberg". Genau genommen gehört das Gebiet zum Stadtteil Schonnebeck – und der wiederum war Teil der Bürgermeisterei Stoppenberg, die 1929 nach Essen eingemeindet wurde.

maligen Stoppenberger Wahrzeichens von allein erledigt hatte.

Am 10. Juni 1899 war das merkwürdige, 42 Meter hohe Gebäude als „Kaiser-Wilhelm-Turm“ offiziell eingeweiht worden. Es war dem Andenken des ersten deutschen Kaisers gewidmet, „verdeutlicht durch die weithin glänzende Kaiserkrone“ über den Zinnen. Kaiser Wilhelm spendete ein Geschütz für die Terrasse. Herzstück war die Halle mit Kaiser-Büste. Von der kriegsgeschichtlichen Sammlung aus führte eine Wendeltreppe auf die Aussichtsplattform; sie gewährte weite Blicke bis Mülheim und Oberhausen, Gelsenkirchen und Gladbeck, Bochum und Herne und bis zu den Ruhrbergen.

Der Hallo in Stoppenberg ist der nördlichste Bergkegel des Ardeygebirges. Für die Essener bleibt er auf ewig nur ein Hügel; also heißt Stoppenberg spöttisch bis auf den heutigen Tag Korkenhügel. Der Hallo-Turm war Anziehungspunkt und Ausflugsziel. Im Wäldchen konnte jedermann seine Zielsicherheit auf dem Schießplatz erproben. Der Friedhof hielt die Erinnerung an die „Helden der Nation“ wach; der „Bund der Kriegervereine Stoppenberg“, 2000 Mitglieder stark, traf sich 1901 gar mit der Vereinigung Deutscher Marinevereine, die hier auf dem Trockenen ihren Abgeordnetentag abhielt und eine Erztafel stiftete mit Motiven der christlichen Seefahrt und einer Aufschrift zum Lobe der „Waffenbrüderschaft zwischen Heer und Marine“.

Als der Rat der Stadt Essen 1971 entschied, sich endgültig von den Trümmern kaiserlicher Verherrlichung und von Waffenbrüderschaften und Schießplätzen zu verabschieden, rief das gleichwohl auch Protest hervor. Aber nur zaghaft.

Noch beliebter als der Hallo war der Stoppenberger Tivoli. Hier gab’s, ähnlich wie in Frintrop, eine gepflegte Parkanlage mit Bootsteich, großem Spielplatz und allerlei „Amusement“ für die Erwachsenen. Sonntags lockten besondere Attraktionen wie Konzerte, Freilufttheater, Ballonfahrten. Die Herren Klostermann und Lange hatten am 27. Mai 1898 die von ihnen gegründete Anlage eröffnet.

Am Sonntag, 6. Juli 1902, ging es recht kriegerisch zu am Tivoli. Eine große Ballon-Veranstaltung fiel aus. Gastwirt Niemann weigerte sich, die bereits bezahlten Eintrittsgelder herauszurücken. Die erbosten Gäste stürmten den Tivoli, zertrümmerten die Einrichtung, warfen das Klavier aus dem Fenster in den Kahnteich und zertrampelten die Gartenanlagen. Dieser Sonntag ging als „die Schlacht vom Tivoli“ in die Stoppenberger Geschichte ein. Der Tivoli erholte sich nicht mehr von dem Schock und wurde geschlossen.

Grußkarte vom Tivoli vor der Zechenkulisse, geschrieben im Januar 1900. Text: Lieber Vater, habe am Mittwoch nun Kiste abgeschickt. Bitte gleich auspacken. Die Zeitungen könnt ihr für Butterbrote gebrauchen. Es grüßt Dein Sohn Fritz.

Einmal in die Luft gehen

Pfingsten 1912 gab es im Essener Norden grenzüberschreitenden Verkehr der doppelten Art: 70 000 Menschen aus Essen und Gelsenkirchen trafen sich, um die Helden zu bestaunen, die in ihren fliegenden Kisten überhaupt keine Grenzen zu kennen schienen. An diesem Tag wurde der Flugplatz Gelsenkirchen-Essen-Rotthausen mit einer großen Flugschau eröffnet. Der Essener Kaufmann Ernst August Schröder, begeisterter Ballonfahrer, hatte den Bau des Flughafens angeregt.

Was waren das für Fluggeräte! Auf den trapezförmig angeordneten Gestellen über den Ballonreifenrädern mit Drahtspeichen breiteten sich Flü-

Beim Flugtag 1928 in Essen-Mülheim zeigte auch Essens berühmte Kunstfliegerin Thea Rasche (4.v.l.) ihr Können. Ganz links Mutter Rasche, rechts von Thea der Vater, Direktor der Essener Aktienbrauerei. Beigeordneter Albert Meurer (3.v.l.) gratuliert Thea Rasche mit einem Blumenstrauß. Zweiter von rechts: Rudolf Burgardt, der als „August an der Berne“ volkstümliche Glossen in der Essener Allgemeinen Zeitung schrieb.

gel aus, mit Drahtseilen an den Gestellen gehalten, darüber ein Seitenruder, darunter ein dreieckiges Höhenruder. Aber die Dinger gingen tatsächlich in die Luft, angetrieben von einem unverkleideten, auf den Flügeln liegenden Motor, der das Klappergestell in Bewegung setzte.

Rund zwanzig Jahre lang blieb der Platz voll in Betrieb, auch für den Post- und Personenverkehr: täglich Berlin–Hannover–Gelsenkirchen seit 1920 durch die Deutsche Luft-Reederei DLR! Auf dem Gelände entstanden später Stallungen und Trainingsplätze für die Trabrennbahn Gelsenkirchen. Die Kondor-Werke am Flughafen beschäftigten 1918 rund 1200 Mitarbeiter. Bis 1940 wurde hier noch eine Segelflugschule betrieben.

Die Sportflieger waren schon 1933 zum neuen Flughafen Essen-Mülheim umgezogen. Er wurde im August 1925 mit einem Volksfest provisorisch in Betrieb genommen, sechs Tage, nachdem die Franzosen abgezogen waren. Sie hatten das Ruhrgebiet besetzt, um Reparationsforderungen aus dem Ersten Weltkrieg einzutreiben. Vom Flugplatz Wulfen holte man sich eine gebrauchte Flugzeughalle, um ja keine Zeit zu vergeuden. Die französische Besetzung hatte die Flughafenpläne lange genug blockiert. Der Ausbau des Flughafens war erst 1934 beendet. Das wurde am 1. August mit einer großen Flugschau gefeiert. Auch die DLR hatte sich inzwischen hier etabliert.

Essen-Mülheim wuchs zum wichtigsten Zivil-Flughafen des Ruhrgebiets, lange bevor Düsseldorf in Betrieb ging. Schnell entwickelte sich regelmäßiger Linienverkehr zu den Metropolen des In- und Auslands, so die Linie Hamburg–Essen–Antwerpen–Brüssel. In gerade mal vier Stunden flog man nach Berlin! 1935 notierte Essen-Mülheim 2000 Starts und Landungen. Am Flughafen entstanden Pilotenschulen und andere fliegerische Einrichtungen. Essen wurde zum größten Zentralflughafen Rhein-Ruhr – weil er häufiger nebelfrei war als die anderen.

Das besondere Interesse der Bevölkerung galt natürlich den Flugtagen. Da durfte man Elly Beinhorn, Ernst Udet und die weltbekannte Essener Fliegerin Thea Rasche beklatschen, die ihre Kunstkurven am Himmel zogen. Heute ist Essen-Mülheim Start- und Landeplatz für Privat- und Sportmaschinen, Rundflüge mit Nostalgie-Flugzeugen – und Heimat für einen Luftschiffbauer, dessen „fliegende Zigarren" als Reklameträger nicht nur in Deutschland am Himmel brummen.

Flugtag in Essen-Mülheim am 8. Oktober 1932. Vor einer riesigen Menschenmenge präsentiert die Luft Hansa ihr Großraumflugzeug Junkers G 38.

Automatische Verpflegung

Das AREG ist heute noch Gesprächsthema: Die Automaten-Restaurant-Gesellschaft betrieb an der Kettwiger Straße das Lokal mit Selbstbedienung. Nach Geldeinwurf in einen der Automaten öffnete sich eine Klappe und der Gast entnahm dem Glasbehälter die gewählte Kost. Ein bisschen unpersönlich und kalt sah es in diesem Lokal aus – aber preiswert war's.

Das AREG hatte äußerst stilvolle Vorgänger. An der Stoppenberger Straße eröffnete 1910 das Automaten-Restaurant Reichskrone. Die runden Glas-Automaten standen auf Marmortheken, die Wände waren mit Stuckfiguren und Holz verkleidet; blinkende Messinglampen beleuchteten Tische und bequeme Stühle.

Noch eleganter als die Reichskrone bot sich der „Central-Automat" an der Kettwiger Straße 8 dar, den die Herren Knöfel und Schwarz betrieben. Mitten im Raum plätscherte ein Springbrunnen und Jugendstillampen sorgten für warmes Licht. An den Wänden standen die Automaten mit reich verzierten Metallfronten. Gegessen wurde an hübschen Tischen, getrunken – Sprudel, Limo, Bier – an Stehtischen. Der Central-Automat, gleich am Anfang der Einkaufsmeile günstig gelegen, war besonderer Anziehungspunkt für Familien, die sich einmal einen Besuch in Essen erlaubten.

Nur Getränke bot das Restaurant „Industrie Automat". Es stand dort, wo sich heute das „Haus am Kettwiger Tor" erhebt. Der Industrie Automat, beliebter Treffpunkt für einen Schwatz am Stehtisch, überlebte die Eröffnung des Hotels Handelshof 1913 nur um wenige Jahre. Der Handelshof wurde dem Industrie-Automaten sozusagen vor die

Nase gesetzt – als prachtvolles Gegenüber für den nicht minder prachtvollen neuen Hauptbahnhof, Baujahr 1902.

Der Industrie Automat am Eingang der Kettwiger Straße um 1913, nach Eröffnung des Hotelneubaus Handelshof (rechts).

Die Konsum-Wunderwelt

Das Angebot gleich nach den Kriegen war ja noch kärglich, aber immerhin: Der Konsum machte wieder auf, auch Ende 1945. Nebenan, der Kruppsche, da ging ja nicht jeder hin, irgendwie hatten die Nicht-Kruppianer Hemmungen. Dann schon lieber zur Eintracht (mehr „links" orientiert) oder zur Wohlfahrt (christlich).

Eintracht-Konsum Steeler Straße zur Gründerzeit 1910.

Die „Eintracht" war um die Jahrhundertwende entstanden, zeitgleich mit gemeinnützigen Wohnungsgenossenschaften, beides Selbsthilfe-Organisationen der Arbeiterfamilien.

Den alten Eintracht-Konsum im Eckhaus am Weidkamp betrat man durch eine breite Glastür. Die ringsum laufende Theke bot Ablagen für die Einkaufstaschen. An den Wänden türmten sich die Auslagen in hohen Regalen, streng geordnet. Hier bekam man alles für Haushalt und Wäsche und natürlich Lebensmittel, Backwaren, Wurst und Fleisch.

Die Frauen und Männer in den weißen Kitteln flitzten hin und her, holten das Begehrte, türmten es vor der Kundin auf, notierten auf den Kassenzetteln. Mutter packte die Ware ins Einkaufsnetz (es konnte jeder sehen, was sie eingekauft hatte!), rutschte mit Netz und Taschen weiter von der Backwaren- zur Wursttheke. Und am Ende stand die Kasse. Da gab es die Rabattmarken, da wurden die „vollen" Heftchen eingelöst und gegen neue getauscht. Marken einkleben war zu Hause Kindersache: „Mama, noch sechs Stück, dann kannze wieder eintauschen..." und damit den nächsten Einkauf verbilligen.

Der Konsum am Weidkamp überlebte den Zweiten Weltkrieg nicht. Der Laden weiter unten, an der Einmündung Armstraße, war viel kleiner – und von der Wohlfahrt. Aber das machte nichts, erstens gab's da wenigstens was zu kaufen und zweitens lernte man nette Leute kennen. Ein bisschen Schwätzen gehörte einfach zum Einkaufengehen dazu.

Circus war irgendwie immer

Der Circus Carl Hagenbeck aus Stellingen bei Hamburg gibt am Samstag, 18. Januar 1919, abends 7½ Uhr, sein erstes Gastspiel in Essen im eigenen Gebäude am Gerlingplatz." Anzeigen in den Tageszeitungen informierten die Es-

Der Rundbau von Circus Carl Hagenbeck am Gerlingplatz.

sener über diese sensationelle Neuheit für Essen: Ein Circus bezieht bei uns sein ständiges Winterquartier! Das Gebäude sah schon imposant aus: ein mächtiger runder Holzbau mit steinernem Eingang, flankiert von spitzgiebeli-

Circus-Theater Carl Hagenbeck

Essen, Dinnendahlstraße, am Gerlingsplatz. Tel. 8080.

Erstes Gastspiel des Circus Carl Hagenbeck aus Stellingen bei Hamburg.

Morgen, Samstag, den 18. Januar 1919, abends 7½ Uhr

Die große

Eröffnungs-Vorstellung

Sonntag, den 19. Januar 1919,

nachmittags 3 Uhr und abends 7½ Uhr

2 große Vorstellungen 2

In den Nachmittagsvorstellungen zahlen Kinder unter 14 Jahren auf allen Plätzen halbe Preise.

Vorverkauf beim Verkehrsverein sowie an der Circuskasse von 10 bis 1 Uhr und von 3 bis 6 Uhr.

Mit dieser Anzeige machte der Circus auf seine Eröffnungsvorstellung im festen Essener Winterquartier aufmerksam.

gen steinernen Kassenhäuschen. Menschen, Tiere, Sensationen begeisterten die Massen.

Fast an gleicher Stelle, nahe der Maschinenbauschule, baute sich Circus Bügler nach 1945 sein großes, grün-hölzernes Winterquartier. Hier überraschten nicht nur circensische Attraktionen die Besucher, sondern Veranstaltungen aller Art. Rosita Serrano, die spanische Nachtigall, sang und die neu erstandenen politischen Parteien trafen sich zu nicht immer „störungsfreien“ Kundgebungen. Die gerade gewonnene Meinungsfreiheit gestand man gern sich selbst zu, aber nicht unbedingt dem Andersdenkenden.

Ein proppevolles Haus hatte Max Reimann, Vorsitzender der KPD. Unter den „Gästen“ befanden sich Männer des 14. Kommissariats („politische Polizei“); Kommunisten waren auf jeden Fall suspekt und denen musste man aufs Maul sehen... Als die Herren in Zivil (unauffällig, aber den Veranstaltern durchaus bekannt) kostenlos Einlass begehrten, entschied der Einsatzleiter in Uniform, bekannt als „Onkel Schorsch“: Also, einer kommt rein, dienstlich – aber die anderen müssen zahlen, wenn sie den Reimann hören wollen! Die „Geheimen“ zahlten.

Wibbelbohnen mit Einlage

Das Gymnasium Grashofstraße, heute Goethe-Schule Bredeney, erlebte zwei „Gastspiele“ des Rheinisch-Westfälischen Kohlensyndikats (RWKS): 1924 bei der Revierbesetzung durch die Franzosen und im März 1943, als das eigene Haus an der Freiheit durch Bomben zerstört wurde. Die gesamte Buchhaltung fand in der Goetheschule Unterkunft – und brachte den unversehrten Tresor samt allen wichtigen Papieren mit, aus den Trümmern geborgen. Nahe der Schule, im vornehmen Stocksiepen, wohnten die, die im Bergbau das Sagen hatten.

In der Schulaula installierte RWKS-Küchenchef Nothelfer (der hieß wirklich so!) seine Elektroplatte, die etwa 80 cm Durchmesser hatte. Tag für Tag kochte er in einem Waschkessel für hundert hungrige Mitarbeiter meistens Suppen. Der absolute Renner waren Wibbelbohnen. „Überlebende“ jener Zeit erinnern sich, dass gelegentlich Kriechtiere in den Bohnen ihr Zuhause gefunden hatten. Das beeinträchtigte den Geschmack aber keineswegs und hemmte auch den Appetit nicht. Die Biester schwammen obenauf und Meister Nothelfer konnte sie „abschöppen“ – oder man erledigte das selbst. Den Esslöffel brachte sowie jeder mit zum Dienst.

Ab und zu konnten Nothelfer und seine beiden Küchenhelfer auch äußerst seltene Leckerbissen anbieten: Kartoffeln, Rübenkraut und Lkw-Ladungen voller grüner Heringe – alles eingetauscht gegen andere Ware oder auf Lebensmittelkarten legal erworben. Die Bergleute bekamen schließlich Sonderrationen für ihre Maloche, ohne die der Wiederaufbau ja gar nicht denkbar wäre; auch die

Übertage-Köhler profitierten davon. Von den Heringen hatten viele Essener was. Genauer genommen: die Nase voll. Die stark duftenden Leckerbissen wanderten, in Zeitungspapier verpackt, in die Aktentaschen und bei der Heimfahrt verbreiteten sie ihren Geruch in der ganzen überfüllten Straßenbahn. Aus den Aktentaschen müffelte es nach Salz und Meer und mehr...

Tabak gab's auch im Notquartier Bredeney, echter Pfälzer! Er war rationiert und wurde grammweise an die Mitarbeiter verkauft, auch an die „Höheren“ im Stocksiepen.

Dr. Fischer, Leiter der Goetheschule, notierte nach dem Auszug des RWKS in einem Brief an den Oberbürgermeister: „Weggekommen ist nichts. Der Besitz der Schule lässt sich beim Abrücken des Kohlesyndikats an Hand des Geräteverzeichnisses feststellen.“ Das sind eben ehrliche Leute, die Kumpels von der Ruhr, durch und durch.

Der Bildhauer auf dem Hochsitz

Feldbahnwagen, von einer Dampflokomotive gezogen, brachten rund drei Millionen Ziegelsteine aus den Ruinen der Innenstadt zur Baustelle an der Freiheit. Für jeden geputzten Stein erhielten die „Trümmerfrauen“ drei Pfennig. Am Bauzaun Rellinghauser Straße prangte Reklame: „Crème Dupré für den Tag, für die Nacht; Gelée Dupré gegen raue Haut, Dupré Pur reinigt die Haut; Mit Crème Dupré schöner denn je.“ Für sein Ja zur Werbung bekam der Bauleiter des neuen Hauses der Ruhrkohle die Tageswährung: eine Flasche Schnaps.

Seit 1949 mühten sich die Bauarbeiter, das „rote Haus“ aus Ziegelsteinen hochzuziehen. 1952 sind alle Bauabschnitte fertig – nach Plänen aus dem Jahr 1936; der Krieg hatte sie ad acta gelegt.

Die Fassade am Turm Ecke Rellinghauser Straße zierte eine sieben Meter hohe Steinplastik: Ein Bergmann sieht vertrauensvoll zu seiner Schutzpatronin Barbara auf, die segnend eine Hand über ihn hält. Folkwang-Professor Joseph Enseling (er starb 1957) schuf sie. Ein Kran hievte den mehrere Tonnen wiegenden Muschelkalk-Block hoch, Anker hielten ihn über zwei Etagen in der Wand. Der Hausherr baute dem Künstler einen „Hochsitz“, erhellt durch natürliches und künstliches Licht. Ein Koksofen spendete Wärme. Hier, in luftiger Höhe, zirkelte Enseling vom kleinen Modell die Maße auf den Steinblock, meißelte Stunde um Stunde, Tag um Tag. Das Essen trug man ihm auf seinen luftigen Arbeitsplatz. Irgendwann ließ der Professor die Verkleidung um den Hochstand abbauen, wanderte zum Hauptbahnhof, betrachtete sein Werk, war zufrieden und erledigte die Restarbeiten.

Die mächtige Skulptur „Barbara und Bergmann" war weiterhin sichtbares Zeichen des Kohle-Hauses an der Freiheit.

Heute erheben sich an der Stelle des „roten Hauses“ an der Freiheit moderne Verwaltungstürme des RAG-Konzerns. Und am alten Friedhof gegenüber braust der Verkehr über den Ruhrschnellweg, durchquert die südliche Innenstadt in einem Tunnel.

Bergmann und Barbara zieren seit 1996, etwas versteckt, eine Hauswand am Durchgang zur Wiesenstraße. Während der Bauzeit des neuen RAG-Komplexes lagerten sie in einem Überseecontainer am Kunstschacht Katernberg (Zeche Zollverein ½), für jedermann durch ein Fenster aus nächster Nähe zu betrachten. Übrigens: Professor Enseling hatte auch die Steinfiguren an der Fassade der Goetheschule geschaffen – der Schule, in der die „Köhler“ zwei Mal Notquartier genommen hatten.

Zwei neue Tore für ein altes

Der Stadthistoriker war im Auftrag des Ruhrlandmuseums unterwegs, um Zeugnisse der jüngeren Geschichte zu sichern. Dazu gehörten natürlich auch Dinge aus dem Alltagsleben. Auf der Suche nach einem „richtigen" Fußballtor von anno dunnemals wurde er fündig – auf einem Nebenplatz der Sportanlage Meerbruchstraße. Da standen tatsächlich Tore mit quadratischen Pfosten und Querlatte und mit Maschendrahtnetz! Der Mann vom Museum fotografierte. Das erregte die Neugier der „Alten Herren", die auf einer Bank das Trainingsspiel verfolgten. „Äi, wat hasse da gemacht?" – „Fotografiert, das alte Tor." – „Wofür dattann?" – „Ich bin vom Ruhrlandmuseum, wir brauchen das Tor für eine Ausstellung. Kriegt auch ein neues!" – „Und wie sollnwer spielen mit ein altes Tor und mit ein neues? Dat geht nich! Nä, kannze nich haben, odder..."

Der Historiker verstand und versprach: „Wir nehmen nur ein altes Tor und geben euch dafür zwei neue!" Darauf der auf der Invalidenbank: „Abgemacht. Zwei neue. Jezz pack dat olle Dingen und hau schnell ab damit, bevor wir uns dat anders überlegen!"

Und dann rief ihm eine andere Stimme hinterher: „Brauchße auch noch alte Klamotten, Trikots und sowat? Kannze haben. Da hinterde Umkleide liecht genuch von rum!"

So kam das Museum nicht nur zum Originaltor, sondern auch zu Original-Trikots, die man am Hals mit Schnüren zuband. Alte Tische und Stühle ließ sich der Vereinswirt auch gern aus seiner „Bude" räumen – nur für die Ehre, sie allen Besuchern im Museum zeigen zu können, mit Herkunftsschild, versteht sich. In der Turnhalle Gertrudisstraße fanden sich Barren, Böcke, Turnbänke aus uralter

Zeit, bereit zur „Wiedererweckung“ im Museum. Und beim Zeugwart der Sportanlage Schillerwiese lagerte eine Hantel aus sportlichen Anfangszeiten, mit Kugeln statt Scheiben an den Enden. Die könne er aber nicht sofort mitnehmen, die sei ganz rostig, sagte der Zeugwart, er müsse sie erst putzen und anstreichen. Das war aber nicht nötig. Rost ist auch echt, sagte der Mann vom Museum.

Kalbsbraten in Biersauce

Der Sportplatz mit der Radrennbahn an der Hubertusburg Steeler Straße war knallvoll: 25000 Besucher! Ein paar tausend standen noch draußen, fanden keinen Platz mehr. Es ging um das Entscheidungsspiel um die Fußball-Ruhrbezirksmeisterschaft am 21. Februar 1926, einem strahlend schönen Sonntag. Die punktgleichen Vereine BV Altenessen (BVA) und ETB Schwarz-Weiß Essen standen sich gegenüber. Sensation! Die „Etablierten“ vom Uhlenkrug, die Studenten und Bessere-Leute-Söhnchen aus Essens Süden, die vom ETB also, spielten gegen den Verein der Berg- und Hüttenarbeiter, der Malocher! Natürlich war der ETB Favorit. Und die Altenessener durften nicht mal ihren Heimvorteil nutzen, statt auf dem Aschenplatz am Kaiserpark mussten sie an der Hubertusburg spielen! Na ja, jedenfalls passten da viel mehr Zuschauer rein.

Die siegreiche Mannschaft des BVA nach dem Spiel um die Ruhrbezirksmeisterschaft.

Kurz vor dem Spiel kam ein Viehhändler vom Großmarkt. Er bot eine Wette an: „Also, wenn ihr die Schwatten schlagt, dann giff ich euch en Kalv!“ „Blöde Wette“, sagte der Mannschaftsbetreuer der

Altenessener, „wat solln wir denn dagegen wetten? Wir ham doch nix, wat wir einsetzen können – gegen ein Kalb!“ Der Viehhändler blieb bei seinem Angebot und verlangte ein Glas Bier, wenn der BVA das Spiel verliere, er also die Wette gewinnt. „Dat könnter ja wohl noch aufbring. Zahlen müßter dat sowieso, gegen die Schwatten könnt ihr nich gewinn, is doch klar! Mein Kalv is mir sicher!“

Hat das die aus dem Essener Norden besonders angestachelt? Wie auch immer – in einem dramatischen Spiel siegte der BVA mit 3:2. „Und dann“, erinnert sich Abwehrspieler Fritz Marquardt, den sie nur Mucki nennen, „dann, als wir uns inne Kabine umzogen, sang draußen der Männerchor aus Altenessen dat Lied ‚Das ist der Tag des Herrn‘. Da kamen manchen von unsere Jungs aber die Tränen, kannze glauben!“ Zur Feier des Tages spendierte der Verein die Heimfahrt nach Altenessen mit dem Bus. Ansonsten gab's für 'n Sieg fuffzich Pfennig oder 'ne Mark oder so, sonst nur ein paar Groschen.

Am Montag marschierten sie allesamt zum Schlachthof in der Nähe vom Viehofer Platz – und wurden vom Verlierer der Wette prima bewirtet. Obwohl der immer nur rumraunzte: „Ihr ruiniert mich! Jezz muß ich euch en Kalv geben...“ Draußen auf dem Hof stand ein Pferdegespann von den Brüdern Reifenstein. Und oben auf dem Wagen – tatsächlich ein Kalb! Ein schwarz-weißes (weil die Altenessener ja die Schwarz-Weißen „geschlachtet“ hatten!), geschmückt mit einer Schärpe in den Farben des BVA: Schwarz-grün. Der Viehhändler hatte tatsächlich Wort gehalten.

Das Gespann mit der wertvollen Trophäe setzte sich in Bewegung, flankiert von den Spielern. Auf dem Weg nach Altenessen gibt es eine Menge Kneipen. Und damit reichlich Stationen für den Triumphzug. Einkehr überall, mitsamt Kalb. Als man endlich im Vereinslokal beim Bellenberg eintrudelte – bums, kippte „dat Kalv“ vorm Tresen um.

Mucki war entsetzt: „Wat hamwer da gedon? Mensch, dat Kalv äs dot! Jezz hamwer nix mehr...“ Mucki war nur schwer zu beruhigen. Bis sie das Kalb wieder auf den Wagen trugen – und es dabei die Augen verdrehte. „Mann, Mucki“, sagte einer der Kumpels, „dat war doch nich dot, dat war besoppen, dat Kalv. Dat hat doch in jede Wirtschaft immern paa Glas Bier mitgetrunken!“

Die Woche drauf aber war's vorbei mit dem Kalb. „Wir hammet im Vereinsheim aufgegessen. Dat war ein Festessen, sarich euch!“, erinnert sich Mucki. Kalbfleisch in eigener Biersauce sozusagen – das muss eine besondere Delikatesse gewesen sein.

Das Wunder von Schönebeck

Der 4. Juli 1954 ging als „das Wunder von Bern" in die Fußball-Geschichte ein: Deutschland ist Weltmeister! Helmut Rahn, der Essener, hatte das 2:2 und das Siegtor gegen Ungarn geschossen!

Genau genommen, beharrt Inge, müsse man ja vom Wunder von Schönebeck sprechen. Sie war dabei, als es geschah, 20 Jahre jung, frisch verheiratet, fußballbegeistert wie ihr Mann. Kaum ein Spiel von Rot-Weiß Essen ließen sie aus und sie jubelten, als die Rahn-Elf 1953 Deutscher Pokalsieger wurde (2:1 gegen Alemannia Aachen) und träumten von einer Deutschen Meisterschaft. Die bescherte die Elf von der Hafenstraße den Essenern erst 1955. Aber im Jahr dazwischen gab's dieses unvergessene Spiel um den Weltpokal.

An jenem Sonntag, 4. Juli 1954, war das junge Paar mit rund 100 anderen Fußballfreunden in der Gaststätte Pannebäcker am Brausewindhang. Der Gastwirt hatte das einzige Fernsehgerät Schönebecks aufgebaut und Sitzgelegenheiten genug. Als die Ungarn nach nur acht Minuten mit 2:0 führten, sank die Stimmung gewaltig.

Zur Halbzeit leerte sich der Saal und das „stille Örtchen" füllte sich beängstigend. Die altmodische Toilettenanlage hatte zwar Wasserspülung, aber noch keinen Anschluss an die Kanalisation, sondern eine Sickergrube unter den Holzdielen. Die aber waren dem plötzlichen mächtigen Druck nicht gewachsen, brachen ein und etliche Männer mit ihnen. Ein Zwölfjähriger rutschte samt Porzellantopf bis zur Hüfte in die Grube, der Sohn vom Vorsitzenden des Zechen-Betriebsrats gar halstief.

Die Rettungsaktion funktionierte. Mit Seil- und Handzug befreiten Helfer die Fußballfreunde aus ihrer misslichen Lage. Der Wirt – die Gäste schätzen sein Körpergewicht auf 150 Kilo – spendierte Hosen, „da passte in jedes Bein ein ausgewachsener Mann rein". Viel Zeit für eine gründliche Reinigung blieb nicht: Die zweite Halbzeit lief! Als Essens Held Helmut Rahn den Siegtreffer zum 3:2 schoss, nahmen sie bei Pannebäcker die Hände von den Nasen und jubelten nur noch – mochte es im Saal riechen, wie es wollte…

Die Teilnehmer dieses denkwürdigen Sonntags sprechen seitdem vom Wunder von Schönebeck: Sagt das Sprichwort nicht, dass der Glück hat, der in die Sch… tritt? Na also! Wenn das kein wundersames Glück war, Weltmeister zu werden, was denn sonst?

Helmut Rahn kommentierte das Wunder auf seine Art: „So ist das im Fußball: Drauf mit dem Fuß und dann hinein mit dem Ball, wenn die Chance da ist. Ich wusste beide Male, dass der Ball im Netz landen würde." So sicher wie die im Brausewindhang mit beiden Beinen bei Pannebäcker im „Glück" gelandet waren.

Oberbürgermeister Toussaint (rechts) empfing am 8. Juli 1954 Helmut Rahn und Frau Gerti. Ganz links Vater Rahn, Zweiter von rechts Gertis Vater. Helmut Rahn starb am 13. August 2003. Jetzt setzt man ihm ein Denkmal am Rot-Weiß-Platz.

Ein Paar Schuhe für zwei Mann

Ernst Pörtgen, Jahrgang 1912, spielte auch beim BV Altenessen. Über die Stationen ETB Schwarz-Weiß Essen, Bonn, Nürnberg fand er zum FC Schalke 04, war zweimal Deutscher Meister und Pokalsieger mit den Knappen und wurde dreimal in die Nationalmannschaft berufen.

Aber angefangen hatte der Mittelstürmer eben beim BV Altenessen. Sechs Kinder waren sie zu Hause und frühmorgens gab's immer Gerangel, wer denn nun zuerst unter den Wasserkran eine Treppe tiefer durfte. Um halb acht war nämlich Kirchgang angesagt, jeden Morgen! Danach gab es Frühstück. Nach der Schule lief Ernst zum Training. Und hoffte darauf, dass sein älterer Bruder Franz schon fertig war mit seinen Übungen. Die Jungs teilten sich nämlich ein Paar Fußballschuhe.

Ernst war ganz froh, wenn Franz vor ihm spielte. Dann musste der nämlich die Schuhe blitzblank putzen: „Mit nicht polierten Tretern auffen Platz, dat war nich drin, da gab's Zoff mit dem Trainer!“

Viermal um die Erde und zweimal um den See

Das Laufwunder nannten sie ihn, später den „Laufopa“ – voller Respekt vor einer Leistung, die bis heute als unerreicht gilt. August Blumensaat, geboren am 15. Januar 1911, gestorben am 30. November 1989, ist als Marathon- und Langstreckenläufer rund viermal um den Erdball gerannt, 160 000 Kilometer – und zigmal um den Baldeneysee. Zwei dieser Runden blieben ihm in ganz besonderer Erinnerung.

Der Name Blumensaat ist eng verbunden mit der Geschichte des Turn- und Sportvereins Essen-Margarethenhöhe 1926; der TUSEM ist heute vor

August Blumensaat (Nummer 100) bei seinem 100. Marathonlauf. Neben ihm Werner Schnepp und Broder Sönnichsen, alle TUSEM

allem durch Bundesligahandball bekannt. Blumensaat hat den Marathonlauf in Deutschland populär gemacht. Der kleine, schmächtige Buchhalter in einem Essener Großunternehmen war immer „zu Fuß“ unterwegs. Frühmorgens stand er an der Haltestelle der Straßenbahn, die abgewetzte braune Aktentasche unterm Arm, wartete, bis sich die Türen schlossen und die Bahn abfuhr, drückte seine Stoppuhr – und trabte los. Wenn die Kollegen ins Büro kamen, hatte der August schon ein paar Buchhaltungsbelege abgearbeitet.

„Ich bin schneller als die Bahn, kann ich belegen!“, berichtete August, wenn er als Pressewart der Essener Leichtathleten seine Berichte in die Redaktionen brachte. Akribisch notierte er seine Laufstrecken und -zeiten, auch jeden Trainingskilometer. Seine schönsten Erinnerungen an die vielen internationalen Treffen waren die Begegnungen mit Paovo Nurmi, dem finnischen Wunderläufer, und Emil Zatopek, der tschechischen „Lokomotive“.

August Blumensaat ist der „Erfinder“ der Lauftreffs, die nach wie vor aktuell sind. An der Mondscheinwiese im Stadtwald traben Jung und Alt auf Augusts Spuren, auch bei Deutschlands ältester Waldlaufveranstaltung. Noch 1955 hatte er die Marathonstrecke in 2:27:41 Stunden geschafft, mit 44 Jahren. Er war sich sicher: „Wenn es ein Rennen über 100 Kilometer gäbe, dann wäre ich unschlagbar – auch heute noch!“ Jährlich sieht Essen das August-Blumensaat-Gedächtnisrennen mit internationaler Beteiligung.

Nicht einmal zehn Kilometer waren es – ein Klacks für den Dauerläufer –, auf denen August Blumensaat Ende der Fünfziger eine „Sonderschicht“ einlegte. Er trainierte rund um den Baldeneysee. August hatte, wie üblich, sein Kleiderbündel samt Aktentasche nahe der Staumauer auf der Hardenbergufer-Seite abgelegt, trabte nach des Tagesarbeit los. Als er nach der ersten Runde übers Wehr lief, sah er, dass ein junger Bursche sich das Kleiderbündel und die Aktentasche schnappte und losrannte. August berichtet: „Ich ließ den laufen, blieb in schönem Abstand, ging mal näher ran, ließ ihm wieder Vorsprung, rückte auf…“ Kurz und gut: Er spielte Katz und Maus mit dem Kleiderdieb, trieb ihn um den See, an der Eisenbahnbrücke rüber auf die Heisinger Seite, ins Vogelschutzgebiet. Aktentasche und Kleiderbündel hatte der verfolgte Dieb längst weggeworfen; August nahm sie „im Vorbeigehn“ mit.

„Da in Heisingen war's vorbei mit seiner Puste“, erinnert sich August Blumensaat, „da gab er auf und backte kleine Brötchen.“ Nur keine Polizei, habe der Kleiderdieb gebettelt. „Polizei?“, fragte der August, „warum das denn? Bist doch schon gestraft genug!“ Und als der junge Mann erfuhr, wer ihn da so „totgelaufen“ hatte – so ein Opa! –, da fiel es ihm wie Schuppen von den Augen. Der August Blumensaat! Diese Art persönlicher Begegnung mit dem Laufwunder von Essen hätte sich der Bursche gern erspart.

Die ästhetische Gefängnismauer

Karl Sabel, Spross einer alteingesessenen Familie, war ein Journalist besonderen Kalibers. Nicht eben groß an Wuchs, wurde er zum großen Schreiber mit Spürnase für das Außergewöhnliche und Hintergründige. „Der" Lokalreporter war bekannt in Essen. Auch als Chef der Essener WAZ-Redaktion legte er den Trenchcoat nicht ab, hielt die Baskenmütze auf dem Kopf, trug die Kamera um den Hals, wenn er durch die Stadt eilte, immer auf der Suche. Hatte er mal wieder was entdeckt, marschierte er spät abends in die Druckerei, nahm einen seiner Meinung nach nicht ganz so aktuellen Bericht aus den Lokalseiten, platzierte seine frische Recherche – und die Kollegen aus der Redaktion wurden bei der Zeitungslektüre am nächsten Morgen wieder mal von KaSa überrascht.

Für Karl Sabel war alles berichtenswert. Eines Tages stellte er den erstaunten Lesern die „Ästhetik der Gefängnismauer" vor – fast eine halbe Zeitungsseite, mit eigenem Foto natürlich. Das zeigte die Mauer der Strafvollzugsanstalt hinter dem Landgericht mit ihren vergitterten Fenstern, die – laut KaSa – so wunderbar ästhetisch angeordnet waren. Ob die, die dahinter ihr „Zuhause" hatten, ebenso dachten...?

Irgendwann in den fünfziger Jahren wollte irgendwer Karl Sabel am liebsten selbst hinter die „ästhetische Mauer" bringen. Der Mann sei unhaltbar als Journalist in der heutigen Zeit, hatte da einer angeblich herausgefunden: Als junger Korrespondent hatte Karl Sabel 1938 über die „Heimkehr des Saarlandes ins Reich" berichtet. Der Satz des Anstoßes: „Das Schmetterrot der Fahnen ... die große Zahl der Begeisterten ... und dann kam er, er! Unser Führer!“

„KaSa“ ein Nazi? Die vom „Ausgräber“ dieser Jugendsünde gewünschte Entrüstung fand nicht statt. Da hatten sich ganz andere als der junge Karl Sabel mitreißen lassen vom Schmetterrot der Fahnen und den leeren Sprüchen, die Deutschland ins Unglück stürzten. Und so mancher von denen war heute wieder oder immer noch in Amt und Würden. KaSa blieb das anerkannte Urgestein der Essener Schreiberzunft bis zu seinem Tod im Mai 1977.

Der kennt noch nicht mal seinen Namen!

Tach“ sagt man im Revier, wenn man jemandem einen guten Tag wünschen will – so wie die Kumpels sich unter Tage mit „Auf!“ begrüßen statt mit dem langatmigen Glückauf.

„Tach“ führte zu einem Missverständnis der besonderen Art. Just Ptach, Reporter der NRZ, holte sich zwecks Recherche ein Ministerium in Düsseldorf an die Telefonstrippe. „NRZ, Ptach“, sagte der Just. Antwort: „Tach. Und wer ist da bitte?“ – „Ptach.“ – „Ja, Tach, wie heißen sie denn?“ – „Ptach.“ – „Ja, Tachchen, Tachchen. Ihren Namen brauch ich aber jetzt mal ...“ – „Ich sach doch: Ptach!“, spielte der Just weiter mit seinem Namen. Und dann hielt die Gesprächspartnerin in Düsseldorf die Hand über die Muschel und rief eine Kollegin: „Geh du mal dran. Da ist einer, der ist wohl ein bisschen durcheinander, der kennt noch nicht mal seinen Namen. Der sagt immer nur: Tach!“

Just Ptach, genannt Jupta, bekannt durch Superreportagen ebenso wie durch seine wallende rote Mähne, hatte das Kabarett „Musenstall“ gegründet. Die Premiere im Jugendhaus Hammacherstraße wär beinahe ins Auge gegangen: Eberhard hatte den ersten Auftritt – und fehlte. Rumoren hinter dem Vorhang. Just trat schließlich selbst davor, sprach die ersten Worte – da kam Eberhard durch die Saaltür, leicht angesäuselt (Premierenfieber?), stolperte auf die aus Tischen zusammengebaute Bühne: „Weg da! Ich bin Erster. Willste mir meinen Auftritt kaputtmachen?“

Kumpel Anton und Kalla

Seltersbuden" heißen im Revier die Trinkhallen, Orte der Kommunikation und des schnellen Einkaufs von Kleinigkeiten.

Günther Leibstein setzte den „Buden" in seiner NRZ-Wochenendplauderei in Essener Mundart ein Denkmal. Held der kleinen Familien- und Tratsch-Geschichten war Kalla, son Vierzehnjähriger. „Geh ich aams anne Bude, Zaretten holen, treff ich Kalla ...", begann der Lesespaß.

Eine typische Karikatur zur Wochenplauderei „Kumpel Anton".

Älter als Kalla war Kumpel Anton, das „Kind" von WAZ-Redakteur Wilhelm Herbert Koch. Anton quatschte jeden Samstag westfälisch-ruhrisch mit immer gleichem Beginn: „Anton", sachtä Cervinski für mich. Kumpel Anton erschien erstmals am 4. Dezember 1954 – und dann 1500-mal in dreißig Jahren!

Antons Freunde waren den Lesern schnell ans Herz gewachsen: Die dicke Tante Matta, dat schnelle Ingrit, dat klein doof Hildegaat. Ihr „Vater“, der Bochumer Wilhelm Herbert Koch, war Sportredakteur – ebenso wie Günther Leibstein.

Wochenplaudereien und Tagesglossen sind das Salz in der Suppe der Zeitungsseiten. In Essen eroberten sich auch Dackel Balduin (Ruhr Nachrichten), BAM (NRZ) und Lupus (WAZ) ihre Leser. In der „Ruhrkohle“, Mitarbeiterzeitschrift der RAG, glossierte Rudi vonne Ruhr Monat für Monat „ruhrisch“ solche politischen Kohle-Entscheidungen, die der Vorstand vorsichtshalber nicht kommentieren wollte.

Ein schwergewichtiger Schmetterling

Was tut man nicht alles für die Kultur! Erst recht in Nachkriegszeiten – da wird „konsumiert“, was sie gerade bietet! Die Züge und Bahnen nach Werden und Steele waren immer überfüllt, notfalls fuhr man auf dem Trittbrett mit – das ging damals noch.

Überfüllte Bahnen, auch wenn's zum Theater ging. Besser schlecht gefahren als gut gelaufen.

Im Steeler Jugendheim war das Schauspiel untergebracht. „Des Teufels General“ gaben die Städtischen Bühnen und „Der Hauptmann von Köpenick“: Aufarbeitung der jüngsten Vergangenheit und Aufforderung zu persönlichem Mut. Im Werdener Saalbau Maas gastierte die Oper zum Beispiel mit „Madame Butterfly“. Die Titelpartie des „Schmetterlings“ sang eine überaus schwergewichtige Dame – aber mit einer unvergleichlich schönen

Stimme. Gespielt wurde auch einige Jahre im Saal des neuen Ruhrkohle-Hauses. „Das Glas Wasser“ und „Tod eines Handlungsreisenden“ brachten die Essener Bühnen auf die Bretter.

Der Kulturring der Essener Jugend bot preiswerte Karten an, die reichlich genutzt wurden. In der Schule hieß es dann nacharbeiten: Was will der Dichter von „Des Teufels General“ uns sagen? Noch spannender für die Jugend war es im Kleinen Theater in dem Flachbau der Flora in Rüttenscheid. Hier spielte Jochen Thau mit seiner jungen Truppe Sartre und Anouilh und die noch jüngeren Zuschauer an den kleinen Tischen durften nachher mit den Künstlern, die vorn an der Rampe saßen, diskutieren. Unvergesslich! Da philosophierten Sechzehnjährige mit richtigen Schauspielern über den Sinn des Lebens und andere ganz, ganz wichtige Probleme.

Das Kleine Theater wandelte sich zum Jungen Theater und bezog im Britischen Kulturzentrum „Die Brücke“ im Handelshof Quartier. Geboten wurden Kinder- und Jugendstücke und da mussten Schüler mitspielen, damit's echt wirkte. Weil die aber fast alle Jahre wechselten (Schulabgang), suchte der Intendant nach „festen freien“ Darstellern. Er fand sie beim Jugendkabarett „Die Stechmücken“, das sich einen Namen über Essen hinaus gemacht hatte. Opernsänger Hans-Walter Bertram und Sprachkünstler Josef Meinerzhagen – später einer der bekanntesten Fernsehdarsteller – schulten die jungen Laien.

Dem 18-Jährigen, der die Stechmücken leitete, blieben genau 24 Stunden für seinen ersten Auftritt im Jungen Theater. 24 Stunden, um die (kleine) Rolle des Polizisten in „Emil und die Detektive“ (nach Kästner) zu lernen und dann ohne jede Probe die Bretter zu betreten, die angeblich die Welt bedeuten. Er musste Hals über Kopf den „richtigen“ Polizeidarsteller ersetzen, der wegen Krankheit ausgefallen war.

Von links hätte er auf die Bühne kommen sollen, der Polizist. Er kam aber von rechts. Verzeihlicher Irrtum so ohne Probe und alles. Emil und seine Freunde schauten in die eingelernte Richtung – und da war nichts. Verwirrung. Die Oberstechmücke im Polizeigewand rettete die Situation und sich durch gekonnte Improvisation: „Ihr meint wohl“, tönte es aus der Kulisse, „die Polizei käme immer aus der gleichen Richtung, damit ihr euch drauf einstellen könnt, was? Aber nicht mit mir. Ich liebe Überraschungen...“

Restaurant Saalbau Maas Ecke Heckstraße/Dückerstraße in Werden. Über dem Eingang verkündete nach 1945 eine Schrift stolz: OPERNHAUS. Im kleinen Saalanbau boten die Essener Bühnen große Kunst. Die Stuhlreihen standen auf einer Ebene; wer hinten saß, hatte nicht gerade gute Sicht auf die kleine Bühne.

Die Grugahalle steht noch

Bill Haley und seine 1953 gegründete Band „The Comets“ waren die Sensation der Rock-'n'-Roll-Generation. Endlich, 1958, trat er in der gerade eröffneten Grugahalle auf. Es war ein großes Gedränge und Eisengitter dienten als „Wegweiser“ in die Halle, die bald rappelvoll wurde. Die steil aufsteigenden ersten Blöcke rechts und links der Bühne waren schon vorher besetzt: eine Hundertschaft Polizei, uniformiert, Sturmriemen der Tschakos unter dem Kinn und Schlagstock in der Hand.

Der schwergewichtige Einsatzleiter blickte von hoher Warte durch die Glaswand des Regieraums auf die klatschende, pfeifende, rhythmisch mit den Füßen stampfende, mitsingende Menge. Er

Die Grugahalle vom Parkplatz aus gesehen. Ihre „Schmetterlingsform“ war bedingt durch den Aufbau auf dem schmalen Fundament einer alten Ausstellungs-Halle.

hatte die Präsenz der Polizeitruppe in dieser Form angeordnet. Was hatte man nicht alles gehört über diesen Rocker mit der Schmachtlocke und dem aufwiegelnden Gehabe! Da war vorbeugende Unheilvermeidung angesagt.

Bei „Rock around the clock“ hielt es die da unten nicht mehr. Sie rockten und zuckten in den Gängen, hielten Feuerzeuge hoch ... und als sie nach der letzten Zugabe immer noch keine Anstalten machten, die Halle zu räumen, ordnete der Dicke da oben über Lautsprecher genau dies an: Halle räumen! Die Hundertschaft marschierte los, von Reihe 1 im Parkett an, räumte als untergehakte Kette. Die Besucher blieben sitzen, ließen sich mitsamt den Stuhlreihen „umschubsen“. Das Chaos, das vermieden werden sollte, brach aus. Und als auch die Letzten schließlich der Staatsgewalt wichen, ins Freie drängten, ging doch tatsächlich eine Scheibe der nigelnagelneuen Grugahalle zu Bruch!

Anderntags titelte eine Essener Zeitung ironisch: „Die Grugahalle steht noch!“ Der Jungredakteur kommentierte zudem: Wenn die Polizei sich nicht so provokant verhalten hätte, dann wär wohl gar nichts passiert.

Das gab ein Nachspiel im Essener Jugendring, eine Diskussion mit der Polizei. Der Jungredakteur blieb bei seiner Meinung. Und die Polizei gab zu, sie müsse ja auch erst noch lernen, mit dem Rock-’n’-Roll-Fieber umzugehen. Einig war man sich schließlich doch: Es ist ja eigentlich gar nichts passiert. Essens Jugend ist viel braver als die Polizei erlaubt.

Essener Farbenlehre

Der Essener Rat tagte viele Jahre im Kammermusiksaal des Saalbaus. Die Wand hinter dem Oberbürgermeister zierte immer eine Stadtfahne, mal mit, mal ohne Wappen. Essen hat als einzige Stadt der Welt ein dreigeteiltes Wappen: goldenes Schild mit schwarzem Preußen-Adler links, blaues Schild mit dem Richtschwert rechts, darüber eine goldene Fürstenkrone.

Aber die Stadtfarben, wie sind die denn nun? Längsgestreift ist klar – aber blau-gelb oder gelb-blau? Im Kammermusiksaal hing die wappenlose Fahne blau-gelb. In Wilhelm Nieswandt (Oberbürgermeister 1956–1969) stieg das ostpreußische Grollen hoch: „Wer hat die Fahne aufgehängt?" Schweigen. „Wie sind unsere Stadtfarben?" Vertieftes Schweigen.

„Ist doch so einfach", brummte Nieswandt; und dann, laut und unüberhörbar auch auf der letzten Ratsbank, den linken Zeigefinger hoch erhoben: „Merkt euch das ein für alle Mal: Erst arbeiten wir und sagen uns die Meinung, bis wir gelb sind vor Ärger. Dann gehen wir zusammen ein' trinken – meinetwegen bis wir blau sind. Also: Wie sind unsere Stadtfarben?"
Einstimmiges, fröhlich-erleichtertes „Gelb-blau"!

Der blieb einfach hocken

Früher waren da Wiesen und Schrebergärten und der Stammhof der Barkhoffs und unten drunter ein Tiefbunker. Seit 1951 durchschneidet die Müller-Breslau-Straße (benannt nach dem Statiker, der die Zeppeline berechnet hatte) das Gelände, Teil der City-Südumfahrung.

Der Rüttenscheider Platz mit dem (alten) Brunnen um 1910.

Hier, auf der von einem Bächlein durchflossenen Emmawiese, dötschten die Jungen Fußball. Auch hinter dem Damm am Güterbahnhof Rüttenscheid konnte man prima spielen, genauso wie auf dem Rüttenscheider Platz (heute der Markt) mit den mickrigen Bäumen und dem Brunnen mit den Säulen. Im Eingemeindungsvertrag von 1905 versprach Essen, den Rüttenscheidern einen „großen öffentlichen Platz“ zu schenken, innerhalb von fünf

Jahren. Schon 1907 war er fertig, nach den Plänen von Albert Mathes. Die Zeitungen lobten: „Vorzügliche Grundrisslösung und Parzellierung des umliegenden Grund und Bodens und eine glückliche Verkehrsfreiheit auf dem Platz."

So eine „Verkehrsfreiheit" wünschte man sich auch rund um die Emmawiese. Doch da gab es den „ollen Keitel", der partout seinen Schrebergarten nicht räumen wollte. Die Asphaltiermaschinen für die Müller-Breslau-Straße standen schon vor seinem Gartentor – der olle Keitel blieb hocken. Wegtragen müssten sie ihn schon von „seinem" Grund und Boden, zeterte er. Erst als auch alle längst landlosen Gartennachbarn noch lauter zeterten, der „Olle" sollte nun aber mal an die Allgemeinheit denken und sich nicht weiter stur stellen, gab der auf. Na ja, sagte der Keitel, was soll ich in meinem Alter noch gärtnern? Und spielte den Einsichtigen. Ohne zu verraten, dass ihm seine Sturheit ein höheres Sümmchen an Abfindung eingebracht hatte als den anderen Kleingärtnern.

Von Konservendosen und Räucherkartoffeln

In der Feldstraße wohnte einer, der hatte in seinem Hinterhäuschen eine Maschine, mit der er gebrauchten Konservendosen den oberen gezackten Rand glatt und sauber abschnitt. Gefüllt mit den Köstlichkeiten aus dem eigenen Garten, wurden die Büchsen wieder verschlossen.

Die nicht mehr brauchbaren Dosen holten sich die Jungs, stießen mit Nägeln Löcher in den Boden und oben noch zwei für eine Schnur – fertig war die Räucherdose. Holzstücke auf den Löcherrost, angezündet, zum Glühen gebracht und dann ein paar vom Feld nebenan stiebitzte Kartoffeln drauf, die Büchse geschwenkt, bis die Kartoffeln verzehrfertig waren.

Gleich „umme Ecke“, nahe dem Sportplatz am Gymnasium, hatten sich die Jungen eine Bude in den Lehmberg gegraben. Die musste bewacht werden, die Bande von der Neuweselstraße war immer darauf aus, denen von der Feldstraße das Leben schwer zu machen. Aber beim Aufbau der Kirmes auf dem Sportplatz packten Neuweseler und Feldsträßer gemeinsam an und durften dafür einmal umsonst Karussell fahren. Die älteren Jungen verdingten sich als Schiffschaukelbremser, was oft zu Spott Anlass gab. „Dat is ja nur son dösigen Schiffschaukelbremser, zu mehr reichtet nich!“, lästerten die, die noch zu klein dafür waren.

Dichter und Hungerleider

In aller Regel gab es für „höhere Schulen" Schichtunterricht in den ersten Nachkriegsjahren, mal vor-, mal nachmittags. Zwei Schulen teilten sich ein mehr oder weniger benutzbares Gebäude. Zum Alltagsbild gehörten Schülerscharen, die sich in Busse und Bahnen drängten und quer durch die Stadt fuhren. Am Tornister – den trugen damals auch ältere Pennäler – baumelten aller-

Mehr blieb nicht nach den Bombardements vom Gymnasium Borbeck an der Prinzenstraße. Die Jungs hatten „Wechselschicht" mit denen vom Krupp-Gymnasium in Essen-West, später mit der Mädchenrealschule Borbeck.

lei Gefäße, Emailletassen und Blechtöpfchen. Die Schule teilte Essen aus: die Quäker- oder Schwedenspeisung. Die religiösen Quäker aus den USA und die europäischen Nachbarn im Norden übten Barmherzigkeit mit den Besiegten in Deutschland. Kinder sollten nicht hungern.

Die „plattgewalzte" Erbsensuppe aus Erbswurst schmeckte scheußlich, die süße bräunliche Suppe mit ein paar Rosinen drin war wesentlich begehrter. Und erst die Nudelsuppe! Köstlich! Aber gegessen wurde alles, was Lastwagen in wärmeisolierten Kübeln am Schulhof anlieferten.

Der Hunger war Thema in den Schulen, sogar offiziell. Landesweit wurde ein Wettbewerb ausgeschrieben: Vierzeiler, die sich mit einem Gegenwartsproblem auseinandersetzen sollten. Zwar keinen Preis, aber „lobende Erwähnung" und Verbreitung im Rundfunk verdiente sich der Spruch eines Quartaners vom Gymnasium Borbeck: „Konferenzen, hier und dort. Konferenz an jedem Ort. Aber keiner, der es schafft und uns was zu futtern rafft."

Beflügelt durch den Erfolg, dichtete der Dreizehnjährige gleich weiter zum vorgegebenen Thema „Amüsant": „Ich ging im Wald spazieren, um mich zu amüsieren. Da stach 'ne Mücke klein ins Hinterteil mich rein. Ich fing sie mit der Hand. War das nicht amüsant?"

Der Deutschlehrer fand das gar nicht. Und außerdem war das ja ein Sechszeiler statt des geforderten Vierzeilers. Aufgabe nicht gelöst.

Feiertag der Arbeit

Am Marktplatz sammelten sich die Gruppen, formierten sich zum 8-km-Marsch in die Stadt, zur Mai-Kundgebung. Heftige Streitgespräche zwischen politisch engagierten Jugendgruppen gehörten einfach dazu, bevor man gemeinsam mit Fahnen und Spruchbändern loszog, im Knopfloch die rote Nelke, in der Tasche fünf Mark Maigeld vom Arbeitgeber – oder von den Eltern. Immer länger wurden die Kolonnen unterwegs.

Nach Reden der Politiker und Gewerkschaftler auf dem gut gefüllten Burgplatz sangen die „verfeindeten" Jugendgruppen gemeinsam „Brüder zur Sonne zur Freiheit" und schlossen sich zu einem stimmstarken „Gesangverein" zusammen, tönten was vom „Tod der Tyrannen" und labten sich auf dem Heimweg (wieder zu Fuß!) in der einen oder anderen Gaststätte.

Spruchbänder kündeten von den Wünschen der Menschen, die zu Tausenden am 1. Mai auf den Burgplatz strömten.

Am Vorabend des 1. Mai, des „Feiertags der Arbeit“, traf sich die Borbecker SPD traditionell bei Mellies. Zum ureigensten Programm gehörte der erste, ernste Teil. Ein kleiner Bursche im blauen Anzug kletterte auf einen Stuhl, damit ihn jeder sehen konnte, und deklamierte richtig gekonnt „Maifeier. Das Wort kommt trotzig schwer aus Enge und Dunkel und Drangsal her…“

Und dann vergaßen sie alle Drangsal für ein paar Stunden, tanzten, freuten sich auf ein buntes Künstlerprogramm und auf die Verlosung, bei der eine Flasche Schnaps ein Riesengewinn war. Kissenbezüge, selbst genäht aus Kaninchenfell, eine Taschenlampe und andere Wertgegenstände waren nicht minder begehrt.

Bei Mellies am Weidkamp war an jedem Wochenende Tanz. Und regelmäßig machte die Polizei Razzia. Unter 16? Rauf auf den Lkw, mit zur Wache, registrieren! Die Folgen: Erstens war's nicht einfach, den Eltern zu erklären, warum man so spät nach Hause kam, weil man ja zweitens irgendwann sagen musste, wer einen da „rausgeholt“ und abtransportiert hatte. Spätestens beim Blauen Brief der Polizei, der die Eltern an die Einhaltung ihrer Aufsichtspflicht gemahnte, kam doch alles ans Tageslicht. Dann folgte eine Aussprache und die Strafe: eine Woche Ausgehverbot. Fernsehen war ja noch nicht; also war's auch nicht zu verbieten.

Der Nylonstrumpf aus Amerika

Der Postbote konnte die Adresse nicht entziffern, nur den Nachnamen. Also lieferte er den dicken Brief aus Amerika bei dem Empfänger ab, dem er täglich viel Post brachte. Der hieß Gustav mit Vornamen, der Namensvetter aber Heinrich. Gustav fand Heinrichs Anschrift heraus, schwang sich auf sein Fahrrad, brachte den Irrläufer zur Gemarkenstraße.

Ein freundliches älteres Ehepaar nahm den Brief dankbar in Empfang: Er war von ihrem Sohn – und für ihre Tochter bestimmt. Der Junge aus Amerika hatte seiner Schwester in Essen was Tolles geschickt: Einen Nylonstrumpf! Den zweiten, schrieb er, schicke er lieber später, weil – ein komplettes Paar in einem Brief, das reize höchstens Diebe, weil die Post ja auch in unrechte Hände geraten könne ...

Der zweite Nylon kam nie an. Die beiden „typischen Ruhrgebiets-Familien" aber, aus Ostpreußen die eine, aus Westpreußen die mit dem amerikanischen Sohn, trafen sich zu gelegentlichem Gedankenaustausch. Postalische Irrläufer können auch Gutes bewirken.

Die auf diese Weise bewirkte „Familien-Zusammenführung" hatte jedenfalls einige Jahre Bestand. Bis die Westpreußen aus der Gemarkenstraße die Koffer packten, um ihren Sohn jenseits des „Großen Teichs" zu besuchen. Und nicht wieder zurückkehrten. Amerika – das war das Land der Sehnsucht und nicht nur der Nylonstrümpfe.

„Die Halbstarken“ im Freibad

Besonders beliebt waren die Freibäder an der Ruhr: Steele, Annenfähre, Baldeney, Werden. Für Essens Nordwesten wurde das „Sommerbad“ zur Attraktion, das bis heute Strandbad Hesse genannt wird, nach der alten, beliebten Ausflugsgaststätte Hehse an der Ecke.

Strandbad Hesse in den Gründerjahren. Links von den Gebäuden liegt der Rhein-Herne-Kanal. Hinten rechts das Fördergerüst der Zeche Prosper I.

1928 eröffnete Hesse, gleich neben dem Rhein-Herne-Kanal, über den erstmals 1906 Frachtschiffe zogen, vor allem mit Kohle beladen. In Dellwig diente eine Doppelschleuse dem Höhenausgleich, heute fließt der Kanal zwischen Duisburg und Essen in einer Ebene.

Im Dellwiger Freibad gab es zunächst noch keine Liegewiesen. Der extra herbeigeschaffte weiße Badesand wurde schnell schwarz, der Wind trug Sand und Asche von Wegen und Werken herüber und es sei passiert, dass man schon mal dunkler aus dem Wasser rauskam als man reingegangen sei, wird noch heute erzählt. Längst umgeben schöne Grünanlagen die Becken. Nach dem Krieg verpachtete die Stadt das Bad für zehn Jahre an den Wassersportverein RUWA Dellwig. In 25 000 freiwilligen unbezahlten Arbeitsstunden bauten die Vereinsmitglieder die Anlage wieder auf; die 40 000 Arbeitsstunden der Facharbeiter bezahlte die Stadt.

„Chef" im Hause war seit 1928 Schwimmmeister Kurt Block. Der große, hagere, braungebrannte Mann hat so manchem Übermütigen das Leben gerettet – nur die „Bekloppten", die nebenan jeden Sommer von der Brücke in den Kanal springen, die konnte auch Block nicht eines Besseren belehren.

In den Fünfzigern war das Strandbad Hesse Ort eines besonderen Geschehens: Hier wurden Teile des Films „Die Halbstarken" gedreht. Das war Aufregung pur: Zuschauer hinter die Absperrungen! Ruhe bitte! Aufnahme! Die jungen Akteure waren durch die Bank richtig nett. Viele haben sich längst Filmruhm erworben und sind heute noch im Geschäft, Christian Wolff zum Beispiel. Liebe Güte, war der jung damals!

Parallel zum Rhein-Herne-Kanal fließt die Emscher, noch Abwasserbecken des Reviers, deren Renaturierung aber begonnen hat. Die Emscher lud schon 1901 nicht gerade zum Baden ein. Zur Eröffnung des Pferderennplatzes am Scheppmannshof – nahe „Hesse" sind heute noch Reste erkennbar – schrieb eine Zeitung: „Wo einst ein klares Gewässer dahineilte, fließt jetzt ein schwarzes Wasser, welches keinen erfreulichen Anblick anbietet. Einst war darin ein Reichtum an Edelfischen aller Art und jetzt lebt kein Schwanz mehr darin." Arme Emscher.

Schellemännken

Flitzen mussten sie schon können, die Blagen, oder sich verstecken. Mal eben an die Haustür ran, die Hand auf sämtliche Schellen gepresst und wenn dann alle in den Wohnungen „aufdrückten“ und unten das typische „Trrrrr ...“ zu hören war, dann aber nix wie weg – und sich kaputtgelacht: Hat mal wieder geklappt, „Schellemännken“ zu spielen und die Leute aus dem Sessel zu holen...

Also, immer klappte das ja nicht. Manchmal wurden die Gören eben doch erkannt. Und war es zum dritten oder vierten Mal, dann informierten die verärgerten Nachbarn auch Mutter und das konnte schon unangenehm werden: Zwei Tage nicht nach draußen. „Schellemännken“ gibt es noch heute, vor allem, wenn die Kinder in Scharen aus der Schule strömen.

In der Kriegs- und Nachkriegszeit entwickelten die Kinder viel Spielphantasie: Aus Lumpen entstand ein Ball oder gar eine Puppe, die die Mädchen viel lieber hatten als die „richtige“, die Mutter kaufen musste. Gummibänder zum Hüpfen – später hieß das Gummi-Twist – „entzog“ man nicht mehr brauchbarer Unterwäsche; Kordeln zum Seilchenspringen knoteten sich die Kinder aus allen möglichen Resten zusammen. Kalkstücke aus den Trümmern dienten als Kreide, um die Felder fürs „Hinkeln“ und für „Himmel und Hölle“ auf den Bürgersteig zu malen. Wer gar noch funktionsfähige Rollschuhe hatte, einen Roller oder etwa einen Holländer – das Gefährt, das mit Armkraft über einen vor- und zurückbewegten Hebel in Fahrt gebracht wird –, der genoss Ansehen und Vorteile. „Darf ich auch mal?“ – „Wat gipße?“ – „Krisse drei Fillippchen...“ So nannten die Kinder die beliebten Hochglanzbildchen, die ja richtig „Vielliebchen“ heißen. Die gibt es heute auch wieder.

Die „Kleenen" hockten in den Sandkästen, backten in ihren Förmchen Sandkuchen oder sie schaukelten auf den langen Balkenwippen. Die Größeren knickerten (wenn sie denn Murmeln hatten), schabbelten mit flachen Steinen oder, so weit vorhanden, mit Spielkarten: Wer beim eleganten Wurf aus dem Handgelenk die Karte am nächsten an der Hauswand platzierte, war Sieger und kassierte die am weitesten weg liegenden. Nicht mal Zeit fürs Essen nahmen sich die Kinder. „Mutter, wirf michen Butter runter!", war wohl die meistgehörte Bitte bei sonnigem Spielwetter. Sie wurde oft erfüllt: Eine „Stulle" (belegtes Brot), ein Apfel, gut eingewickelt, segelten aus dem Fenster in fangbereite Kinderhände.

Wenn's kein Wetter für „auffe Straße" war, wurde „oben" gespielt, in der Wohnung. Schnüre um beide Daumen und Zeigefinger gelegt – und dann ging's los: „Abnehmen". Der Spielpartner formte mit seinen Fingern eine neue Figur aus der Schnur, nahm sie dem anderen von dessen Händen. Wahre

Auf den Holzbalkenwippen ließ sich prima schaukeln.

Sandkasten, Balancierbalken, Schaukeln (hinten links) – so sahen die Spielplätze „damals“ aus.

Meister konnten so viele Figuren, dass „Schweinchen (die Essener sagen ‚Püschken') auf der Leiter“ ja nur „wat für ganz kleine Kickis oder Schicksen“ war, für kleine Jungen oder Mädchen also.

Feiertag für die Kinder war es, wenn Eltern oder Großeltern mal einen Kinobesuch spendierten. Leider passierte es auch, dass es bei der Vorfreude blieb. Als Heinz Albers in „Münchhausen“, einem der ersten Farbfilme, auf einer Kanonenkugel ritt, wollten die Kinder das doch unbedingt sehen. Aber die an der Kasse war unerbittlich: Ne, kommste nicht rein! Ist erst ab Sechzehn! – So ein Quatsch! In der Schule hatten sie gerade über Münchhausen und seine witzigen Geschichten gesprochen – aber in den Film, da durften die Vierzehnjährigen nicht! „Trenck der Pandur“, den durften sie sehen, so mit Schwertern und Pistolen und richtig mit Liebe. Lachst dich kaputt!

Der 600 000. Bürger

Am 19. Februar 1950 erblickte Wolfgang Witte das Licht der Welt. Ein ganz normales Kind – aber ein besonderer Essener Bürger, der 600 000. nämlich. Die Stadt war wieder kräftig gewachsen. Oberbürgermeister Hans Toussaint und Bertha Möller-Dostali, die spätere Bürgermeisterin, gratulierten, ließen sich mit dem Neugeborenen und der stolzen Mutter ablichten, übergaben ein Sparbuch als Geschenk der Stadt. Die Statistiker vermerkten: Essen hat 91 Prozent der Vorkriegsbevölkerung erreicht.

Mindestens genauso erfreulich war es, dass im gleichen Jahr die 1946 begonnene Demontage der Kruppwerke endgültig eingestellt wurde. 1953 durfte Alfried Krupp seine Fabrik wieder betreten. 1952 hatte die Stadt einen anderen Grund zum Feiern: Vor 1100 Jahren hatte Bischof Altfried das adlige Damenstift Astnide (Essen) gegründet, die Keimzelle der Stadt.

Bertha Möller-Dostali, später Bürgermeisterin, hält den 600 000. Essener im Arm. Rechts Oberbürgermeister Hans Toussaint neben der stolzen Mutter.

„Wir müssen wieder ran“

Mitte 1945 war das Pflänzchen der Hoffnung, dass sich diese Stadt aus den Trümmern erheben könnte, noch sehr mickerig. Immerhin: Demokratische Parteien formierten sich – wenn auch zunächst ohne Zustimmung der Alliierten; die „Alten“, die ihr Leben für die Demokratie eingesetzt hatten, die Verfolgung und Folterung überlebt hatten, packten wieder an.

In der kleinen Wohnung im ersten Stock eines halb zerstörten Hauses in Borbeck tagte im Oktober 1945 der „Familienrat“: Die Eltern, Tochter und Sohn, 14 und 12 Jahre alt. Die Kinder hatten erst in diesen Tagen erfahren, dass Vater als Gegner Hitlers seine Jahre in Zuchthäusern zubringen musste und beim Westwallschanzen. „Tausend Jahre“ lang war ihnen erzählt worden: Euer Vater hat wichtige Aufgaben zu erfüllen; er muss auswärts arbeiten. Nun also wussten sie es und mochten es doch irgendwie nicht glauben, dass Vater gegen den Führer ... wo sie doch so stolz HJ-Braunhemd und BDM-Uniform getragen hatten...

Vater verkündete: „Ich werde mich ab sofort wieder zur Verfügung stellen in der Stadt.“ Mutter erstarrte: „Das tust du nicht! Ich will das alles nicht noch mal erleben. Ich kann das nicht mehr!“ Vaters ruhige Stimme: „Genau damit das nicht noch mal passiert, genau deshalb müssen wir jetzt wieder ran, wir müssen helfen, eine Demokratie aufzubauen!“

Er wurde Mitglied im ersten von den Besatzern ernannten Rat, der sich am 6. Februar 1946 im Rathaus Kray konstituierte. Erster Oberbürgermeister nach dem Krieg war Dieter Russell; die Alliierten hatten den Leiter des Finanzressorts (Kämmerer) am 11. April 1945 dazu ernannt. Schon am 20. Mai folgte ihm Rechtsanwalt Hugo Rosendahl – doch der entschied sich kurz darauf für die Verwaltung statt für das politische Amt und wurde nach Einführung der „zweigleisigen Gemeindeverfassung“ nach britischem Vorbild Oberstadtdirektor.

Zum Oberbürgermeister ernannten die Briten nun Heinz Renner (KPD). Nach der ersten de-

Vor dem Rathaus Kray, dem ersten Tagungsort des Essener Stadtparlaments nach dem Krieg, trafen sich 1971 vier Oberbürgermeister: Hans Toussaint, Wilhelm Nieswandt, Gustav Heinemann und Horst Katzor (v.l.). Sie posierten zum Silberjubiläum der NRZ.

mokratischen Kommunalwahl im Oktober 1946 übernahm dieses Amt Gustav Heinemann, Mitbegründer der CDU und später als Bundespräsident „das“ Aushängeschild der SPD. Heinemann war also der erste gewählte Oberbürgermeister in Essen. Ihm folgten Hans Toussaint (CDU), Wilhelm Nieswandt, Horst Katzor, Peter Reuschenbach, Annette Jäger (alle SPD), Wolfgang Reiniger (CDU).

Essen hatte seinen demokratischen Weg gefunden. Die Stadt wieder bewohnbar zu machen, den Menschen Hoffnung zu geben für eine bessere Zukunft – das konnte nur gemeinsam gelingen, über Parteigrenzen hinweg. Der allseits beliebte Justizrat Niemeyer (Mitgründer der FDP, die damals noch LDP hieß) stellte der wieder gegründeten SPD Räume in seiner Anwaltskanzlei zur Verfügung: „Die haben doch nichts. Und ich hab Platz. Ist doch selbstverständlich, dass sich Demokraten helfen!“

WEITERE BÜCHER AUS DEM WARTBERG VERLAG FÜR IHRE REGIO

Also, um acht am Colosseum...
Geschichten und Anekdoten aus dem alten Essen
von Günter Streich
80 S., geb., S/w-Fotos
ISBN 3-8313-1244-3

Essen – Bewegte Zeiten – Die 50er Jahre
von Horst W. Bühne und Peter Happel
72 S., geb., zahlr. S/w-Fotos
(ISBN 3-86134-299-5)

Essen – Gestern und heute
von Günter Streich
72 S., geb., zahlr. colorierte hist. und Farbfotos
(ISBN 3-8313-1145-5)

Essen – Farbbild d
dtsch./engl./fran
von Hans-Ulrich Kress u
Marianne Possmann
72 S., geb., zahlr. Farbfotos
(ISBN 3-86134-692-3)

Rundflug über das alte Essen
von Günter Streich
geb., zahlr. S/w-Fotos
N 3-86134-959-0)

Rundgang durch das alte Essen
von Horst W. Bühne
Hg. in Zusammenarbeit mit der Stadtbildstelle Essen.
64 S., geb., zahlr. S/w-Fotos
(ISBN 3-86134-442-4)

Ess renes
von H
Historische Fo n
Willy van H
72 S., geb., zahlr.
(ISBN 3-86134-18

Gehe isvolles Essen
von Günter Streich und
Peter Happ
48 S., geb., zahlr. Fa tos
(ISBN 3-8313-1298-2)

ARTBERG VERL BH & CO. KG
BÜCHE ÜR DEU SCHLANDS DTE UND REGIONEN
Im Wiese 281 Gudensberg-Gleich fon (0 56 03) 9 30 50
0 56 03) 0 83 · www.wart ag.de